MALEN MIT WORTEN:

EINE GEDICHTE AMMLUNG

Cathy McGough

Stratford Living Publishing

Inhaltsübersicht

Widmung

Für Mama und Papa

LUFTSCHLÖSSER

Ich baue dich wie einen Turm
   Und schließen dich dann
   Es gibt zu viele Fenster
   Es ist zu weit bis zum Boden.

   Du sitzt auf deinem Sockel
   und wehrst jede Kraft ab
   Weil du in mir nur den Schatten
   von der Scheidung deiner Mutter.

   Und es mag weniger als Liebe sein
   Und es mag mehr sein als die meisten
   Aber es ist etwas, das stärker wird.

   Ich lese dich wie ein Buch
   Deine Seiten fliegen weit auf
   Ohne einen einzigen Blick,
   Es scheint, unsere Geister vertrauen sich
   Und es mag weniger als Liebe sein
   Und es mag mehr sein als die meisten
   Aber es ist etwas, das tiefer wird

Vielleicht ist es nicht die Art von Liebe
die für immer und ewig währt
Aber ich habe lieber einen Teil der Liebe
als gar keine wie auch immer.

DIES, UM DICH ZURÜCKZUBRINGEN

Gesichter, die in und aus dem Kopf gehen
Erinnerungen an Sterne, die geleuchtet haben
Öffnungen und Schließungen
Überfüllte Einsamkeiten
Wer sind diese Menschen?
Ein Kind erscheint in der Blüte seiner Jugend
Es drückt sein Gesicht an das Fenster
Sie fragt sich, was die Wahrheit ist
Ihre Aufmerksamkeit scheint zu schwanken
Wenn sie die Süßigkeiten um sie herum betrachtet
Und sich fragt, ob sie frei sind.
Kind, hat dir deine Mama nicht gesagt
Dass es nichts umsonst gibt
Alles hat seinen Preis
Jeder hat einen Preis zu zahlen.
Gesichter, Träume aus alten Zeiten
Verblassen und formen sich zu neuen Reimen

Wenn wir in die Fußstapfen
Unserer verstorbenen Helden
Gesichter suchen
Die es nicht mehr gibt

ARBEITSTAG

Unauffälliges Gehäuse
Gepolstert
Lila Wände
Eingesperrt
Gefangener.
Versucht, entlassen zu werden
Auf Bewährung
Aber ich bin wieder reingefallen
Bevor ich mich
mich herausziehen konnte
An diesem Ort
gibt es Maschinen
Die dich dazu überreden
zu arbeiten
Als eine Maschine
Und wenn du dich weigerst
Machen sie dich kaputt
Du brichst zusammen
"Hör auf die Tastatur
Ohne mich
Bist du nichts!

Nichts, was ich sage!

Vergiss das einfach nicht
Also gut. Ok."

Drahtlose Maus
Ergreift
Gelegenheit
Zu entkommen
Springt &
Plumpst in
Extra extra große
Tasse Kaffee.

Dampfen
Streaming
SCHREIEN!
Kleines Feuer
Ooops!

BLUE JAYS UND KOOKABURRAS

Es macht nichts, wenn ich nicht den Namen jeder Blume kenne
   Es macht nichts, wenn ich nicht den Namen jedes Vogels kenne
   Dass ich neu in diesem Land bin, hält mich nicht davon ab
   mit loben Worten und Taten zu loben.
   Manchmal fühlt es sich für mich fast wie ein Zuhause an
   Ich wandere ziellos umher, ohne Bindung an die Vergangenheit
   An anderen Tagen fühlt es sich an, als sei diese Insel meine Seele
   Und ich frage mich, ob diese Verliebtheit von Dauer sein wird.
   Dann gibt es Tage, an denen ich mich wie ein Verräter fühle

Ich sehne mich nach Dingen, die ich nicht mehr erreichen kann

Dann lockt mich ein Blick auf die Flagge meines Heimatlandes lockt mich wieder zurück.

Was ist es also, wenn du irgendwo geboren bist?

Kannst du diesen Ort jemals ganz hinter dir lassen?

Oder kannst du das Neue lieben und das Alte lieben

In deinem Herzen und in deinem Geist?

Bald werden sich die Wattebauschwolken für meinen silbernen Vogel teilen

Meine erste Liebe wartet mit weit geöffneten Armen

Weiße Trilliums werden mich mit ihren duftenden Küssen einhüllen

Während Blue Jays und Kookaburras aufeinander treffen.

ALLES AUSSER LIEBE

Du hast mir Blumen gegeben
  Du gabst mir Süßigkeiten
  Aber das war nicht genug.
  Du bist mit mir gefahren
  Zu noblen Orten
  Aber das war nicht genug.
  Du hast mir alles gegeben
  Was du dir vorstellen konntest
  Alles außer Liebe
  Ja, alles außer Liebe.
  Du hast mir Witze erzählt
  Du brachtest mich zum Lachen
  Aber das war nicht genug.
  Du hast mir Zeit gegeben
  Du gabst mir Raum
  Aber das war nicht genug.
  Du hast mir alles gegeben

Was du dir vorstellen konntest
Alles außer Liebe
Alles außer Liebe.
Wie lange habe ich auf einen zärtlichen Kuss gewartet
Auf ein Zeichen, einen Antrag oder einen Ring
Aber Tag für Tag, Jahr für Jahr
1 + 1 ergab nichts.

Du hast mir Witze erzählt
Du brachtest mich zum Lachen
Aber das war nicht genug.
Du gabst mir Zeit
Du gabst mir Raum
Aber das war nicht genug.
Du hast mir alles gegeben
Was du dir vorstellen konntest
Als alles, was ich wollte, deine Liebe war
Liebes, alles, was ich wirklich wollte, war deine Liebe

PERSONIFIZIERUNG

Wirbelnd um dich herum
Wie ein Kreisel
Rücksichtslos
Von Wand zu Wand hüpfend
Selbstzerstörerisch
Aber wir schreiten voran
Ohne Zeit zum Nachdenken
Oder nach Luft zu schnappen
Die Wände wechseln ihre Position
Wie Szenen aus einem Heimkino
Die Farben vermischen sich
Wildes Treiben
Die Decke fliegt über und unter
Und verschmilzt mit dem Boden
Wie ein Kind mit einem Kaleidoskop
Du veränderst den Rahmen
Und erfreust dich an meinem Lied
Bis ich mich entspanne
Und durch die Decke fliehe
In eine bedeutungsvollere Beziehung

DIE
PAPIERPUPPE

Die Papierpuppe verheddert sich im Strudel des Windes
   Voller Emotionen wirbelt sie herum und herum und
herum
   herum und herum, wie eine Ballerina, die Pirouetten
dreht
   Sie blickt zurück auf die Misserfolge und das Bedauern
des Lebens.
   Sie versucht verzweifelt, sich aus seinen Klauen zu
befreien
   Der Wind flüstert ihr Vergewaltigung ins Ohr.
   Die Papierpuppe wird Glied für Glied zerrissen
   Eine bloße Erinnerung an das, was hätte sein können.
   Sie spürt keinen Schmerz, denn sie ist nur ein Kind
   Sie spürt nichts.
   Hör das Weinen der Kinder, hin und her wälzen
   In den Träumen ihres Schlafes
   Beschütze sie vor den Wirbelstürmen des Lebens.

Lauft, Kinder, lauft,
Es gibt keine Ketten mehr, die euch binden.
Beschütze sie vor den Wirbelstürmen des Lebens.

DU
ERWACHST,
WÄHREND
ICH SCHLAFE

Du wachst auf, während ich schlafe
  Packst deine Koffer
  Küsst mich auf die Wange
  Du flüsterst leise "Auf Wiedersehen"
  Ich sehe dich gehen
  Obwohl du es nie wissen wirst
  Denn in deinen Augen
  schlafe ich friedlich
  Ich drehe mich mit dem Rücken zu deinem leeren Raum
  Tränen, Schluchzen, Selbstmitleid
  Der Schlaf ist willkommen

  Mein Geist sucht den deinen
  Sie spielen Fangen miteinander

Unsere Liebe ist, wie sie einmal war
Ich bin du. Du bist ich.
Die Sonne bringt den Morgen
Ich greife nach deinem leeren Raum
Ich bin von deiner Umarmung umhüllt
Die Liebe hat dich heute zurückgebracht
Die Liebe hat dich zurückgebracht, damit du bleibst.

Du wachst auf, während ich schlafe
Packst deine Koffer
Küsst mich auf die Wange
Du flüsterst leise "Auf Wiedersehen"
Ich schließe die Tür. Ich schließe die Kette.
Diese Szene wird sich nie wieder abspielen.

NAHRUNG
FÜR DIE
MUSE

Komm zu mir, mein schönes Blatt
  Lass dich in meine wartende Umarmung fallen
  Bade mich in deiner fließenden Farbe
  Flattere zu mir in Anmut.
  Blatt, man nennt dich seelenlos
  Ich sage, das ist falsch
  Denn du tanzt in Harmonie
  Während der Wind dein Lied spielt.
  Jetzt nehme ich dich in meine Arme und weine
  über das Bluten in deinen Adern
  Farbe fließt in Farbe: Schönheit
  Dies sind deine Überreste.

  Knusprige Plaudertasche Begleiter
  Kitzelt an den Sohlen meiner Schuhe.
  Herbstliche Inspiration:
  Nahrung für die Muse.

VORHANG
DES NEBEL

Durch den dichten Nebel
  sah ich ein Paar Augen aus Marmor
  Sie reflektierten nichts und zischten
  Sie lehnten sich zurück in ihrer Verkleidung
  Sterne fielen wie Schnee
  In ihre starke Wahrnehmung
  Fasziniert von ihrem Glanz
  Ging ich in ihre Richtung.
  Sie waren emotionslos und hohl
  Sie verbreiteten ihr stilles Strahlen
  Durch den endlosen Nebel sah ich
  Das Mondlicht hatte begonnen zu tauen
  Ich hob meine Arme, um die Wahrheit zu fangen
  Die Strafe kam, ich verlor meine Jugend.
  Alle meine Gefühle waren ausgelaugt
  Am Morgen es blieben
  unter dem klaren graublauen Himmel
  zwei marmorne Augenpaare.

LETZTER TANZ

Dein Bild in meinen Armen halten
  Gemeinsam über den tanzen Boden
  Fast so, wie es hätte sein können
  Wenn du mich nur mehr geliebt hättest
  Nah genug, um deinen Herzschlag zu spüren
  In einer imaginären Wolke zu wirbeln
  Die Welt malen in leuchtendem Glanz
  Deinen Namen laut zu flüstern.
  Tanzen, obwohl die Musik schon zu Ende ist
  Tränen strömen über mein Gesicht
  Denn ich habe gesehen, was hätte sein können
  Und es spurlos verloren.

ICH KANN FLIEGEN

Am Rande stehend
  Heulende Winde
  Flatternde Ärmel
  Immer bereit
  Ich brauche
  Alleinflug
  Die Röcke kräuseln sich
  Linker Fuß zurück
  Rechter Fuß vorwärts
  Poised
  Engel schauen
  Einfach da
  Kupferne Haare schweben
  Lippen schmecken
  Meersalz
  Ich nehme alles
  In
  Wissen,
  Wer ich bin

Warum ich hier bin
Flügel
Flattert
Beat beat beat beating
Ich weiß
Dass ich
Aufsteigen.

Für
Ich lebe am
Dem Rand
Der Fantasie
Wo Füße
Nicht mehr wünschen
Den Boden
Ich sehe
Alles
Aus einer einzigartigen
Perspektive
Ich bin ein Dichter
Ein Autor
Und
ich kann fliegen.

AUF DER OBERFLÄCHE

Spiegel,
  Du reflektierst mich mit Überflüssigkeit
  Überall auf mir steht
  ist fleischfarbene Unsicherheit.
  Spiegel,
  Du verhöhnst die Perfektion
  Mit dieser ungebrochenen Reflexion
  Und das Ergebnis ist immer dasselbe
  In deinem Rahmen: Ich bleibe unverändert.
  Geschrieben zwischen den Zeilen
  Verkleidet Poetisch
  Unvermeidbare Merkmale
  Fließen unharmonisch.
  Spiegel: Ich hafte an dem, was ich sehe
  Denn ich bin du, durch und durch
  Aber manchmal spiegelt sich
  wünsche ich mir, dass ich dir ähnlich wäre.

HÜBSCHES
KLEINES
DING

Hübsches kleines Ding
  Sitzt wunderschön
  Begrüßt alle, die eintreten
  mit der größten Herzlichkeit.
  Sie ist das hübscheste Mädchen
  das sie je gesehen haben
  Mit ihren goldenen Locken
  und ihren grünen Augen.
  Sie ist eine Porzellanpuppe
  Die zum Leben erweckt wurde
  Eines Tages wird sie einen Mann heiraten
  und seine Frau werden.
  Hübsches kleines Ding
  Lächelt wie ein Engel
  Und singt Kinderreime
  Für die Gesellschaft ihrer Eltern
  Sie spricht nur

Wenn man sie anspricht
Sie denkt nie -
Hat auch keinen Grund dazu
Sie ist so hübsch wie ein Bild
Wer würde Mona Lisa beschämen...
Und dieses Kind von einer Frau
Spielt das Spiel mit der Etikette.
Hübsches kleines Ding
Hinterfragt nie
Den Anstand ihrer Eltern
Denn alles, was sie je war
War ein Engel
an ihre Weihnachtsbaum.

CRUCI-
FICTION

Dein Körper ist gebunden
   In Form eines Kreuzes
   Du hängst dort in Verzweiflung
   Für alle Ewigkeit.
   Sie hätten geflickt
   Deine Hände und Füße
   Aber die Nägel waren rostig
   und die Tetanusspritze
   war noch nicht erfunden worden.
   Sie hätten geheilt
   Deine Seiten
   Als sie
   schauten durch
   das klaffende Loch
   Der Blick in die Welt
   durch deine Seele
   war atemberaubend.
   Sie hätten zurückgenommen
   Die Krone

Aber die Blutflecken
fielen über deine Stirn
Und formten Formen
wie zarte
Rosenblüten.

Ich ging von Station zu Station
Ich klammerte mich fester
An den schwarzen Rosenkranz
Er zerbricht
Die Perlen rollen überall
Unter den Kirchenbänken
In den Gängen.
Ich knie nieder
Ich sammle jedes kleine
Schwarze Rosenblüte
Sammle sie auf
in meinen Hut.
Draußen
Der Wind fängt sie auf
Und hebt sie
Himmelwärts
Schwarze Krähen
Fliegen aus der Reichweite
Sie lassen Decken fallen
Auf die Obdachlosen
Die Gläubigen
Die Nicht-Gläubigen
Und mich.

RESURRECTION

Ins Leere treibend
  Verbreitet sich wie ein Gerücht
  Ein Blatt treibt den stream hinunter
  Geisterhafte Präsenz aus einem Traum.
  Zerquetschtes und zerbrochenes Blatt
  wird am Ufer angespült
  Vom Sand überzuckert
  Leblos Für immer-more.
  Das Blatt trocknet und wird wiedergeboren
  Aufgehoben durch eines Engels den Atem
  Gabriel bläst in sein Horn
  Das Blatt nach dem Tod.

DER TEASE

Er fragte mich und ich sagte: "Ich kann nicht"
 Er fragte mich, und ich sagte: "I shan't"
 Er fragt mich jeden Tag. Er fragt mich jeden Abend.
 Er bleibt hier und hofft, dass ich es eines just might.
 Ich halte ihn hin und nur ich weiß, warum.
 Ich bin nicht auf einem Machttrip! Oh nein, nicht I!
 Denn ich hasse es so sehr, meinen Mann zu verletzen.
 Es ist nicht leicht, einen erwachsenen Mann weinen zu
sehen.
 Trotzdem muss ich ihn abweisen.
 Trotzdem muss ich sehen, wie er die Stirn runzelt.
 Trotzdem glaube ich, dass er bleiben wird.
 (Ich glaube übrigens, dass er mich liebt.)
 Eines Tages werde ich mir sicher sein.
 Eines Tages wird der richtige Zeitpunkt gekommen sein.
 Ich werde mein Herz für ihn öffnen
 Und die Dunkelheit wird sich in Licht verwandeln.
 Ich hoffe, dass all diese Geheimniskrämerei
 wird unsere Zukunft nicht ruinieren. Du siehst:
 Dieses Hinhalten ist kein Zufall
 Er ist wie Astaire und ich kann nicht tanzen.

DIE BEGINNUNG

Ich saß
   Unter einer Decke der Dunkelheit
   Da war eine Wolke
   die sich einfach nicht verziehen wollte.

   Die Liebe,
   war in deinem Herzen kalt geworden
   Aber als du es mir sagtest
   war ich zu verwirrt
   um zu erkennen, dass du mir sagen wolltest
   mir die Wahrheit zu sagen.

   Jetzt,
   ganz allein
   Am Rande des Waldes
   singe ich.

   Mein Geist streckt sich aus
   Ich singe

Bis die Stimme widerhallt...
Plötzlich wird mir klar
Dieses Lied war "unser Lied"

In einer Flut von Tränen
beginnt die Heilung.

WARUM ICH?

Der Refrain spielt wiederholt
  Unterbricht die innere Harmonie
  Wenn die Fantasie mit unverhohlenem Charme
  meine Liebe in die eines anderen schickt Arme .
  Erinnerungen zerschmettert auf dem Boden
  Stimmen gedämpft durch zurückhaltendes Stirnrunzeln
  Geflüster, Verwirrung, doch c'est la vie
  Ich passe mich der ruhigen des Leben's an Realität .
  Oh, der Regen ist unaufhörlich
  Und die Brise ewig senden
  ihre einfühlsamen Botschaften an mich.
  In einem ungewissen Morgen
  Das pitter-patter der Tropfen
  meine Ohren mit Stille durchdringen
  Und Tränen werden mich eiskalt lassen
  Am Ende des Regenbogens
  Hoarding meinen Goldtopf hüten.

DER BAUM

Wie viele Jahre
  Wie lange, wie alt?
  Baumchirurgen grübeln,
  Knospen des Wissens entfalten sich.
  Greifen nach dem Morgen
  Zum Gott der all Schöpfung
  Engelsfinger strecken sich
  In hölzerner Motivation.
  Pflanzen und umpflanzen,
  Formt ein naturgetreues Bild
  Durch Wind und Regen
  Sie sind monumental strukturiert.
  Wenn Gott jemals etwas geschaffen hat, das Liebe
braucht
  muss es ein Baum sein
  Denn die Mensch hat nur zwei Arme
  Um sich zu sehnen, zu berühren, zu beten
  Aber Bäume haben Äste, die aus den Ästen wachsen
  Verneigen sich vor des Lebens roundelay.

DIE AUGEN DES HIMMELS

Das war am Anfang
   Bevor die Zeit einen Schlag aussetzte
   Eine ganze Weile vorher
   Er walked in meinen Schlaf.
   Ich bin sicher, du wirst dich nicht erinnern
   Die letzten Worte, die er sagte
   Bevor der Prediger
   verkündete, dass meine Liebe tot ist.
   Mein Liebster sprach von vielen Engeln
   Die seine Seele holen würden
   Er driftete hin und her
   Und verlor schließlich die Kontrolle.
   Ich kniete an seiner Seite
   Versuchte verzweifelt, nicht zu weinen
   Aber die Tränen flossen in Strömen
   Und so verabschiedete er sich:
   "Keine Tränen mehr, keine Tränen mehr

Gott kommt für meine Seele
Ich kann die Sterne kommen sehen
Näher an mein Bett
Sie glitzern und funkeln
In meinem Kopf
Und mein Traum
wird wahr.

Ich bin dazu bestimmt, zu leuchten
und dich zu führen.
Wünsch dir etwas von mir
Wünsch dir etwas von mir."

Heute Nacht und jeden Abend
Erleuchtet eine Kette von Sternen meinen Weg
Ihre Augen verjüngen meinen Geist
Wenn die Nacht zum Tag wird.
Meine Liebe ist ein Stern im Himmel
Der in den Armen des Weltalls treibt
Und eines Tages werden wir zusammen sein
In einer anderen Zeit und an einem anderen Ort.

DIE LETZTE ETAPPE

Das Licht leuchtet durch das Gesicht der Wolken
Das Blau ist klar in deinen durchsichtigen Augen
Die Schauer können diese himmlische Umarmung nicht blenden
Die Tränen können dieses kristallklare Gesicht nicht beflecken
Ertrage nicht den Schmerz, verschließe nicht den Geist
Die Tränen fallen und machen mich blind
Aber ich kann immer aus dir schöpfen, aus der Liebe.
Wenn dein Ballon durch Zufall aus der Gefangenschaft entlassen wird
Schieb die Schuld nicht auf das Schicksal
Das Erreichen deiner Blase könnte sie zum Platzen bringen
Das Platzen deiner Blase wäre ein fataler Fehler
Denn selbst die Wolken sind eifersüchtig auf die Angeketteten
Sie sind zu frei und reisen ohne Vorbestimmung.
Zeichne das Foto des Kindes nach

Das Schicksal sucht nach den Sanftmütigen und Milden
Fülle die leeren Gesichter mit ein paar vergessenen
Phrasen
Vervielfältige und fahre dann fortfahren.

LIED VOM MEER

Damals war es leicht
  Zu wandern
  Ziellos
  Ohne eine Sorge
  Oder irgendetwas
  Die eigene Existenz in Frage zu stellen
  Oder deine Luftblase zu zerstören.

  Aber dann
  kam ich
  Und alles um dich herum
  Schien unwahr zu sein
  Und ungerecht
  Und du fühltest anders
  Und du hast versucht, mich zu formen
  So dass ich
  In deinen Platz passe
  Aber es sollte nicht sein

Es war zu schwierig
Einen Weg zu finden
Der uns zusammenhielt
Wenn wir beide auf
Auf dünnem Eis.
Einer konnte gehen
Einer konnte bleiben
Damals war es einfach
Bevor du mich untergehen ließest
Zum dritten Mal.

DER MALER, DER NIE SEIN WÜRDE

Die Farben riefen
  Nach ihm
  In der Nacht
  Arthritisch
  Unruhig
  Alt
  Unsicher
  Er versuchte
  Vergeblich
  Zu schaffen
  Ein Meisterwerk
  Um weiterzuleben
  Nachdem er gegangen war
  Stattdessen
  prallten Welten aufeinander
  Meer und Himmel bluteten zusammen
  Die lächelnde Frau weinte

Stolpernd
Stolpernd
Ausgerutscht auf
Palette
Farbe
Körper
Eins.

Pinsel
Maler
Eins.

Die Sonne ging auf
in Frieden und Gelassenheit
Als er ging
in Richtung
den Rand
des Berges ging.

Er floss
vom Pinsel
In die offenen Arme
des Meeres
Wo er zum
Der Maler, der nie sein wird.

WUNDERSCHÖNER SONNENUNTERGANG

Schöner Sonnenuntergang
  Der das Meer grüßt
  Der himmlische Vater
  Der sich nach den Freien ausstreckt
  Lebendige Bilder,
  Die Ewigkeit ergreifend
  Tanzende Farben
  Sich windende Pfade
  Wer weiß, wohin sie führen
  Sich drehende Wolken
  Begehrt vom Wind
  Schwingende Diamanten
  Singen die Nacht weg
  Silhouetten der Dunkelheit
  Das Mondlicht im Garten
  Alle sind zurückhaltend
  Ruhig und heiter
  Das ist das Wunder
  Das Wunder der Natur.

Momente werden verbracht
Tage vergehen
Jahre vergehen
Und immer noch träumst du dein Leben weg
Warum musst du träumen
wenn die Natur dich zum Spielen auffordert?

JUNGEN MIT SPIELZEUG

Wenn die Welt aus den Fugen gerät
  Und wir alle nach einer Antwort suchen, um durchzukommen
  Hören wir den Jungs zu, wie sie mit ihrem Spielzeug drohen
  Spielzeug, das auslöschen könnte. mich und dich

Ich stehe am Fuß des fließenden Flusses
Sehnsucht nach einer Stimme, einer Stimme der Vernunft
Die Arme des Windes umarmen mich so fest
Während ich vor der Ohnmacht des Mannes erschaudere.

Die Geschichte gab der Welt Männer und Frauen
  Anführer, die die Feder statt des Schwertes benutzten
  Große Schriftstellerinnen und Schriftsteller, die keine Angst hatten, ihre Meinung zu sagen
  und ihre Gedanken und Ideen zu brachten rekord.

Dickens, Longfellow, Emerson und Thoreau,
Sie waren Männer des Friedens und sprachen für alle.
Wo sind die Anführer, die Dichter von heute?
Sie sind es, an die ich diesen Aufruf richte.

Denn die Führer der Welt sind in der Krise
Ich fürchte die Zukunft - nicht meine, sondern die meines
Sohnes
Wir brauchen jemanden, der aufsteht und die Kontrolle
übernimmt
Anstelle von Jungs mit Messern und Pistolen.

Wer seid ihr Dichter des Jahres 2003?
Wer seid ihr? Wo seid ihr? Hört meine Schreie!
Sprecht jetzt oder schweigt für immer
Dieser Dichter wartet sehnsüchtig auf eure Antworten.

EINER DIESER TAGE...

Hattest du schon mal so einen Tag?
  Du kennst diese Tage
  An denen keine E-Mail eintrifft
  und du sie alle von gestern beantwortet hast
  Und du dir Schneckenpost wünschst
  Aber der Briefkasten ist leer
  Bis auf einen Pizza Hut-Flyer

  Hattest du auch schon mal so einen Tag?
  Du kennst diese Tage
  An denen die Vergangenheit einfach nicht ruhen will
  Und auch das Frühstück
  Mittagessen oder Abendessen
  Und du hoffst, dass du gerettet wirst
  Aber du bist nicht sicher, wovor

Hattest du schon mal so einen Tag?
Du kennst die Tage
Wenn eine Elster auf der Wäscheleine
Dich beobachtet, wie ein lange verlorener Freund
Jemand, den du einmal getroffen hast, ein Geist in deinem Leben
Versucht, eine Nachricht zu übermitteln
Und du fragst dich, wer sie dir geschickt hat

Hattest du schon mal so einen Tag?
Du kennst diese Tage
Wenn dich jemand im Verkehr schneidet
Und du willst ihm die Leviten lesen
Aber du beschließt, es nicht zu tun, denn das Leben ist zu kurz
Außerdem könnte es jemand sein, den du kennst
Die Täuschung lauert hinter dem getönten Glas

Hattest du schon mal so einen Tag?
Du kennst die Tage
An denen die Seite leer bleibt
Und dein einziger Wunsch ist, sie zu füllen
Aber dein Kopf bleibt ganz durcheinander
Heute habe ich einen dieser Tage
Hattest du auch schon mal so einen Tag?

DIE KUNST DER ELTERNSCHAFT

Kinder sind der wahre Spiegel deines Lebens.

Was sie wissen, was sie lernen, haben sie von dir gelernt.

Du machst dir Sorgen um dein Fundament, was dich in eine Zwickmühle bringt.

Denn alles, was deine Eltern dir beigebracht haben, ist das, was du NICHT tun sollst.

Bitte denke daran, dass Kinder in jedem Moment....

Klick-Klick-Klick machen die Kameras in ihren Köpfen.

Für sie ist das Leben ein Süßwarenladen, in dem sie den ganzen Tag damit verbringen

Pakete zu öffnen und alle möglichen Entscheidungen zu treffen.

Gott schenkt Eltern eine leere Leinwand: ein Kind.

Wenn du malst, kommt bedingungslose Liebe durch

Die elterliche Regenbogenverbindung - sie zu dir.

Das Leben ist kurz, deine Zeit ist gut investiert
um die Kunst des Elternseins zu perfektionieren.
Perfektionierung die Kunst der sein ein Elternteil

STEAMY

Meine Liebe und mein Wunder, alles mein
Wie du mein Leben verändert hast Existenz
Dein Leben und mein Leben, sie sind miteinander
verwoben
Jeden Tag zeigst du deine Großzügigkeit Pracht.
Voller Tatendrang und voller Tatendrang
Ich drücke deine Knöpfe, das ist mein Wunsch
45 Minuten lang, schnell, schneller, dann langsam
Der Dampf steigt auf, höher, höher und höher
Dann bist du still, in all deiner Pracht
Jeden Tag liebe ich dich mehr und mehr.

Du bist mein Liebling auf der ganzen Welt
Es gibt nichts Besseres als eine gute Spülmaschine.

DIE EISIGE HAND DER ZEIT

Die eisige Hand
  der Zeit
  Stiehlt den Sand
  von meinem Kind.
  Er schläft jetzt
  Ruhig
  Unschuldig
  Friedlich
  Manchmal dreht er sich
  Er dreht sich zu mir
  Und weint
  Oder stöhnt
  Vor Schmerz
  In seinem Schlaf
  Er greift
  Ich streichle
  Wir berühren uns nicht

Wir verbinden uns
Im Geiste.

Oft
frage ich mich
Ob er weiß
dass die
Sanduhr
Gefüllt ist
mit seinem
Lebenselixier gefüllt ist
Und es ist
Abwärts
Im doppelten Takt.

Ich bete
Dass er eines Tages
Er
nach Hause kommt
Dass ich ihn eines Tages
in meinen Armen halten werde
Mein Kind
Denn jetzt
Dieser Glassarg
ist alles, was er kennt.

SONG DER AUTUMNE

Die Blätter knirschen unter meinen Füßen
  Ein Knacken, Knistern, Knallen in meinem Kopf
  Steigen, fallen - die Sohlen küssen den Boden
  Erinnerungen wirbeln herum und herum.

  Die Blätter waren duftend und moschusartig
  Wir stapelten sie bis zum Himmel auf - himmelhoch -
  Das Stroh eines Stadtmädchens. Wir sprangen und riefen
"Jeronimo!"
  Sie waren so weich wie jungfräulicher Schnee.

  Der Herbst nahm uns in seine Arme und hielt uns
liebevoll fest.
  Jahreszeitlich. Wir waren Herbstkinder.
  Wir wurden lebendig - als die Blätter zu fallen begannen
  Unsere Geister entschlüsselten den Ruf von Mutter
Natur.

Die Blätter versammeln sich vor meiner Haustür und
warten
Meine Schwestern und Brüder sind gekommen, um zu
rufen
Der Geist des Herbstes erhebt mich aus dem Rollstuhl
Wir tanzen alle zusammen in der Ewigkeit Herbstmesse.

DER KREIS: EINE TRILOGIE

EINE NACHRICHT AN MEIN UNGEBORENES KIND

Kind, Kind von mir
  Geschützt vor der Welt
  Sicher in meinem Schoß.

Mein Kind, mein Kind
Nicht sehend und nicht wissend
den Zustand der Welt, der zum Scheitern verurteilt ist.

Mein Kind, mein Kind
Du bist ich.
Ich bin deine Mutter.

Mein Kind, mein Kind
Ich bin du.
Ich werde dich lieben wie kein anderer.

Mein Kind, mein Kind
Frieden. Bete um Frieden.
Die Zeit kann nicht alle Sorgen heilen.

Mein Kind, mein Kind
Frieden. Bete um Frieden.
Du bist die Hoffnung für alle Zukunft.

Mein Kind, mein Kind
Das Herz schlägt, die Gliedmaßen bilden sich
Du bist ungeboren, der Unschuldige.

Mein Kind, mein Kind
Du bist meine Hoffnung für die Zukunft
Du bist die Zukunft, für alle.

DER KREIS: EINE TRILOGIE

GUTE NACHT, KLEINES

Der Himmel ist nicht weit weg
   Dort ist er zum Spielen gegangen

Er tanzt auf einer so leichten Wolke
Er verblüfft alle, wenn er fliegt.
Der kleine Geist, der in mir lebte
Jetzt ist seine Seele frei geworden

Mein Schoß ist leer, er ist nicht mehr
Und doch bin ich nicht mehr, wie ich vorher war.
Ihn zu sehen, leblos verbunden
Das Ende des Lebens hat gerade erst begonnen.

Ich gebe mich hin, das Kind ist nicht mehr mein
Im Himmel, auf ewig göttlich.

TDER KREIS: EINE TRILOGIE

KLEINE ENGEL

Schhhhhh.
Hör mal.

Ich höre sie singen
Höre.

Kannst du sie auch hören?
Hör zu!

Ihre Stimmen
füllen mein Herz aus.
Es ist so voll
Ich fürchte
es könnte platzen

platzen könnte.

Hör zu!
Halte an, was du tust und
höre zu.

Vertraue mir.
Er ist bei ihnen.

Hört zu
Mit ganzem Herzen und ganzer Seele.

Hört zu...
Schhhhhhhhhh.

HEIRATEN GEBET

Wenn das Foto im Rahmen zerbricht
   Und das Ehegelübde dem Verstand entgleitet
   Wenn nur die Erinnerungen auf der Spur sind
   Und Tränen des Unglücks dich blind machen
   Dann musst du vielleicht weggehen
   Kehrst du allem den Rücken, was du kennst
   Vielleicht ist es an der Zeit, du hast alles versucht
   Und trotzdem fühlst du dich etwas hohl.
   Bevor du gehst und deine Koffer packst
   Sprich mit dem, den du liebst, streck die Hand aus
   Öffne dein Herz, deine Seele für ihn
   Und vielleicht könnt ihr alles klären
   Zu oft geben wir auf und ziehen weiter
   Wenn wir denken, wir hätten unser Bestes getan
   Wenn die Liebe da war, kann sie wieder wachsen
   Auch wenn sie eine kurze Pause gemacht hat
   Ich dulde nicht, dass man bleibt, wenn es Missbrauch
gibt.
   In diesem Fall musst du zu anderen Horizonten gehen

Aber wenn du denkst, dass deine Beziehung einen Sinn
hat
Dann lass dich von deinem Herzen führen und folge ihm
Denn die Welt ist einsam und kalt
Ohne jemanden, mit dem du teilen kannst
Und denk daran, dass du alt wirst
Und jemand an deiner Seite kümmert sich um dich.
Also fang neu an, nimm die Romantik aus dem Regal
Bringe Leben in eine Beziehung, die abgestanden ist
Du wirst es nicht bereuen, tu es für dich!
Wahre Liebe kann nie und nimmer scheitern.

BEAU IDEAL

Schönheit beruhigt nie
  Diejenigen, die weinen
  Schönheit wärmt nie
  Ein kaltes Lebewohl

Wenn das Herz blutet
muss das Ego gefüttert werden
Und Schönheit ist kein Alibi
Denn sie beruhigt nie
Diejenigen, die weinen

Wenn du verliebt bist
Ist die Schönheit überall
Wenn du nicht mehr verliebt bist
liegt die einzige Schönheit in der Verzweiflung.

VATER UND SOHN

Vater lehrt Sohn, ein Mann zu sein
  Der Sohn lehrt den Vater, wieder ein Kind zu sein
  Gemeinsam gehen sie Hand in Hand
  Es ist so schön, ihnen zuzusehen
  Die beiden sind wie Magie im Spiel
  Am Samstag schauen sie Thunderbirds
  Der Vater macht sich Sorgen, ob er der Mann sein kann
  Sein Kind idealisiert ihn, sicher kann er das.
  Denn sein Kind sieht, dass er stark und warm ist
  Und wird es vor allem beschützen
  Er würde es um nichts in der Welt enttäuschen
  Der Vater liebte ihn schon lange vor seiner Geburt
  Der Vater lehrt den Sohn, ein Mann zu werden
  So ist es seit Anbeginn der Zeit gewesen.

FLEETING

Und ich werde vorbeiziehen
  An dir vorbei wie ein Windhauch
  Und werde dich nicht berühren
  Oder eine Spur hinterlassen
  Dass ich gewesen bin
  Nur den süßen Duft
  von Gänseblümchen und Klee.

VERGESSEN MICH NICHT KIND

Vergiss mich nicht, Kind
  Vom goldenen Feld
  Lass sie fallen
  Und die Botschaft wird sich offenbaren
  Benutze nicht deine Blütenblätter
  Um die Tränen zu verbergen
  Schütze dich nicht
  Vor ihrem Spott
  Denn deine Schönheit ist zu groß
  Um jemals verborgen zu werden
  Vergiss mich nicht, Kind
  des goldenen Feldes.

HÄNDE

Hände
  Wir müssen sie wertschätzen
  Hände
  Um zu halten
  Zum Greifen
  Zu kalt
  Um zu lehren
  Hände
  Bewegen sich über Seiten
  Über Körper
  Unschuldige Liebkosungen
  Hände
  Gehalten
  Gebrochene Versprechen
  Fingers
  Jetzt entfesselt
  Kisten
  Gefüllt mit
  Zerbrochene Kreise
  Hände
  Wir müssen sie hegen

Hände
Leere
Hände
Runzlige
Hände
Erreichbar
Hände

Ideen fließen
Aus diesen Händen
Die immer geschätzt werden
Sind die Hände
eines Künstlers.

ER LIEBT MICH/ER LIEBT MICH NICHT

Es wuchs eine Blume
  Sie war frühlingshaft neu
  Ich pflückte die Blume
  Um zu sehen, ob unsere Liebe wahr ist
  Ich pflückte ihre Blütenblätter
  Und riss sie ganz auseinander
  Während sich das Bild formed
  in meinem hoffnungsvollen Herzen.

  Dort auf dem Samtgras
  Die tote Blume blieb
  Und als die Königin der Herzen
  regnete ich.

IGNORAMOUS

Ich habe dich im Morgen verloren
  Ein nicht vergangenes Gestern
  Ich schloss meine Augen in Traurigkeit
  Und bevor ein Moment verging
  verschwand die Liebe und du mit ihr
  Ich hätte nie gedacht
  Dass das jemandem wie mir passieren könnte
  Das Mindeste, was du hättest tun können
  war, mir einen angemessenen Abschied zu geben!

ICH HABE EIN PFLASTER GEKLEBT

Ich habe ein Pflaster auf dein Puzzle geklebt
  Nachdem deine Teile überall verstreut waren
  Ich war deine Rettungsweste
  Als du dich im Meer überschlugst
  Ich flickte dein gebrochenes Herz
  Unreparierbar zerbrochen
  Ich zog dich hoch, hob dich
  aus den Tiefen der Verzweiflung.

  Jetzt verstecke ich mich in diesem Baumhaus der Fantasie
  Auf der Suche nach Freundlichkeit und Führung
  und frage niemanden, wer mich heilen wird.
  Ich frage die Luft, wie kann das sein?

Ich habe dich zu meiner Mission gemacht, zu meiner
guten Tat für diesen Tag
Ich nahm dir all deine Traurigkeit weg
Im Gegenzug hast du mein Herz in zwei Teile gerissen
Jetzt fühlt es sich an, als trüge ich Zementschuhe
Und ich bin verloren in einer überfüllten Leere
Ich wandere umher und suche, was ich nicht finden kann
Ich frage niemanden, wer wird mich heilen?
Ich frage die Luft, wie kann das sein?
Fragend, nie wissend
Warum?

WENN ICH KÖNNTE...

Wenn ich die
   den Lauf der Zeit zurückdrehen
   würde ich dich zu meinem Eigentum machen
   Für die ganze Ewigkeit

   Du warst mein Regenschirm
   An einem regnerischen Tag
   Wenn du lächelst
   verschwanden alle meine Sorgen
   Ich lebte und atmete
   Für dich.

   Du flüstertest deine süßen Texte
   der Liebe in mein Herz
   Und ich wurde stark
   Und besonders
   Und frei
   Nur weil
   Du mich geliebt hast

Und die Sonne schien durch
Als ich eins mit dir wurde.

Aber wie eine Melodie
Deine Liebe
Verblasst
Und alles, was übrig blieb
War die ständige Wiederholung
eines Liedes, das immer wieder spielt
Immer und immer wieder
Und nicht loslässt
nicht loslässt.

Wenn ich die Zeit zurückdrehen könnte
Die Hände der Zeit zurückdrehen
würde ich dich zu meinem machen
Für die ganze Ewigkeit
Für die ganze
Ewigkeit.

SPIEGLEIN, SPIEGLEIN

Spieglein, Spieglein
  An der Wand
  Wirst du mich auffangen
  Wenn ich falle?
  Spieglein, Spieglein
  Was wirst du tun
  Wenn die Stücke zerbrechen
  Und die Dunkelheit zu dir wird?

  Spieglein, Spieglein
  An der Wand
  Kannst du mir sagen, warum
  mein Spiegelbild so klein ist?

ORGANSCHLEIFER

Entlangkriechen
  Die düstere Halle
  Stinkendes Lila
  Grausiges Grün
  Ich rieche den Gestank
  von verfaulendem totem Fleisch
  Menschlichen Fleisches
  Sterbend
  Obszön.

  Die alte Frau zu sehen
  Auf der Bettpfanne spreizend
  Der junge Mann tot
  Und doch atmet
  Im Rhythmus
  Mit dem Geräusch
  des Tropfens.

  Und durch das Liebesboot
  Fenster
  wird ein Mann geschlachtet

Während ein Affe
auf seinen Rücken springt
Und jemand
trägt weiß
Wirft eine einzelne Münze
in seine Mütze.

REFLEKTIONEN IN EINER SCHLAMMPFÜTZE

Haselgrüne Augen
  Narzisstischer Blick
  Auf einen Unterwasserpalast

Nachdenklich
Und doch leer
Spricht Bände
Von sich selbst
Zu sich selbst

Reflexion
Ist nicht ganz
ähnelt
seinem Betrachter.

Tief im Inneren
der trüben Gewässer

Geschützt vor
Fehlern, Schmerz
Und Erinnerungen

Drehend
Flüssiges Pflaster
In eine Grimasse
Die ein Lächeln widerspiegelt.

ANEINANDER GEFESSELT

Wasser fällt
  Aus meinem Mund
  In deinen Eimer
  Rosenblüten
  Sind schon
  Gesiebt worden
  Der Schmelzprozess
  Teilung notwendig
  Gründe
  Das gleiche

  Installation der Angst
  Kommt vor dem
  Dem Empfang
  des Wahrheitsserums
  Die Taufrituale
  Scheinen endlich relevant zu sein
  Aber die wegdrängende Stimme
  Kombination

Verbindet und trennt dann
Trennung unvermeidlich

Es scheint, als wären wir
Gefesselt
Zusammen hier
Ein ganzes Leben lang
Aber du hast gerade erst deinen Namen gesagt
Ich höre dich
Schreiend
In der Nacht
Doch ich kann dich nicht erreichen
Der Abgrund ist
Viel zu groß.

ZEICHEN DER ZEIT

Etwas macht mich verrückt
  Es treibt mich um die Kurve
  Etwas, das so unerträglich ist
  Dass ich vielleicht sogar diesen Freund aufgeben werde.

  Du siehst, er plappert ständig
  Er plappert rund um die Uhr, 24 bis 7
  Es ist egal, ob wir allein sind
  oder beim Einkaufen im 7-11.

  Überall, wo wir hingehen, passiert es
  Und seine Aufmerksamkeit wird von mir abgelenkt
  Er geht weg in eine andere Welt
  Und ich bin bei ihm, und doch einsam.

  Ich will immer wieder sagen: DAS IST ES
  Ich kann nicht, ich halte das nicht mehr aus.
  Du musst dich entscheiden, wer wird es sein?
  Ich wäre diejenige, die zur Tür hinausgehen würde.

DIE ANTWORT

Du trägst eine Maske
  Die ganze Zeit über
  Ich kann dich nicht sehen
  Verkleiden ist kein Verbrechen
  Mein einsames Herz
  Sagt mir immer wieder
  Dass du die
  Die Antwort.

  Du trägst eine Maske
  Schwarz und blau
  Du bist verloren
  In einem Halloween-Farbton
  Ich warte
  In Erwartung
  Du kannst einfach nicht sehen
  Dass du die
  Die Antwort.

Wenn ich dich bitten würde
Sie zu entfernen
Um mir zu zeigen
Wer dahinter steckt?
Würdest du lachen?
Und mich verspotten
Wissend, dass
dass ich einsam sein muss?
Ich stehe vor dir
Ich will dich kennenlernen
Doch du kannst nicht sehen
Dass du die
Die Antwort.

TOD EINER SCHNEEFLOCKE

Die Schneeflocke verwandelte sich in eine Träne
   Sie starb auf der Stelle
   Sie hat nie einen Laut von sich gegeben
   Sie fallen vom Himmel
   In Form von Sternen
   Und können nicht überleben
   Wenn die Sonne zum Leben erwacht.

   Wasser, Wasser überall
   Wir betreten sie, ohne uns darum zu kümmern
   Nichts war und nichts wird sein
   Trauere nicht dem Schicksal.

DIE VERGANGENHEIT

Fliegend wie ein Geier
  Über meine Schulter
  Schmunzelnd
  Endlos
  Sturzflug
  Wenn nötig
  Oft
  Den Anschein zu erwecken
  Ein Freund
  Verwundbar
  Ich bin
  Du bist
  Ein Feind
  Hör auf zu lauern
  Ich bin nicht bereit
  Lass mich in Ruhe
  Du ziehst mich Nach unten
  Lass los
  Die Vergangenheit.

VERGANGENHEIT

Schöner Sonnenaufgang
   In meinem Herzen
   Spektrum der Farben
   Prächtige Kunst

   Mein Geist ruht
   Auf deiner Schulter
   Braune Augen auf blauem Grund
   Alles, was ich bin
   bin, bin ich für dich.

WASSERMELONENFRAU

Ich war ein Vogel
  Einst
  Aber ich mochte die Freiheit nicht
  Als ich sah, wie weit
  ich fliegen konnte
  Ohne müde zu werden
  Auf einem Sitz in einem Flugzeug
  Ich sehnte mich danach, ein
  Menschen
  Sie schienen
  Stark und logisch
  Und ich bewunderte, wie
  sie versuchten
  zu verbessern
  Während ich mich im Kreis drehte
  Getragen von den Böen
  Und zusah, wie meine Babys
  zu verhungern
  Im Frühling.

  Und so wurde

wurde ich
Eine Wassermelonenfrau
Ich pflanzte und säte
Pflücken und verkaufen
Schlafen
Die Hälfte des Tages
Für einen Hungerlohn arbeiten
Und zusehen, wie meine Kinder
Das ganze Jahr über hungern.
Ich war ein Vogel
Einst
Und ich mochte nicht
Die Freiheit
Und jetzt ist das
Was ich sein möchte
Statt einer
Wassermelonenfrau.

Ja, ich war ein Vogel
Einst
Aber ich mochte nicht
Freiheit.

Das Gras ist immer grüner
Das Gras ist immer grüner
Das sagen sie immer
Ich würde lieber wieder ein Vogel sein
anstatt eine Wassermelonenfrau zu sein.

HERZLOS

Um dich zu halten
  In
  Die Handfläche
  Meiner
  Hand und lass dein
  Herz
  durch meine
  Fingern wie
  Sand
  Vermischt mit
  den anderen Abscheulichkeiten
  Am Strand.

  Um dich zu platzieren
  In ein
  Postpaket,
  Es zu versiegeln und
  Dann schicke ich dich
  In irgendein
  kriegsversehrtes Land
  PER NACHNAHME.

Ohne Rücksendeadresse.

Um dich
Ausgestellt
In einem Glas
Umhüllung
Und berechnen
Pro Blick
Während jeder
Mit Stöcken
Auf dich.

Dann würde ich
Dich retten
Dein Herz erobern
Nur um es
Es wieder zu zerquetschen.

PASSOVER

Wie ein Stück Papier, das im Feuer brennt
  Wie Hass, der sich in Verlangen verwandelt
  Wie ein Fluss, der keinen Grund hat, die Wahrheit zu
sagen
  Ich habe meine Jugend verloren.

  Jetzt bin ich alt und grau
  Meine Schönheit hat wrinkled-away
  Und viele Träume sind verloren gegangen
  Alles umsonst.

  Jetzt gehe ich hinaus in meinen Garten
  Ein Tal voller Veilchen winkt mir zu
  Ihr Duft führt mich weiter
  Die Natur und ich waren nie so stark.

  Ich schaue mit bloßen Augen in den Himmel
    sehe ich einen Regenbogen, der sich hufeisenförmig
seinen Weg bahnt
  Ringsum singen Regentropfen
  Das smaragdgrüne Gras schimmert.

Meine Seele sehnt sich ohne Reue
Zum Himmel hin wie Stahl zu einem Magneten
Flüsternde Fontänen, so scheint es
ein Ständchen auf meiner Reise: Süße Träume.

ZU FRÜH
GEKOMMEN

(GESCHRIEBEN NACH DER NACHRICHT VON DER ERMORDUNG VON JOHN LENNON)

Und als ich nicht mehr stehen konnte
  wurden DEINE LEGS zu meinen.
  Und als ich nicht mehr weinen konnte
  wurden DEINE TEARS zu meinen.
  Und als ich mich selbst nicht mehr finden konnte
  wurde DEINE IDENTITÄT die meine.
  Und als ich nicht mehr glauben konnte
  wurde DEIN ZWECK zu meinem.
  Und als ich nicht mehr sprechen konnte
  wurden DEINE WORTE zu meinen.
  Und als ich nicht mehr leben konnte
  Wurde dein Tod MEIN.

FLÜSTERN

Flüstern, flüstern, ich flüstere
Dieses Geheimnis ist meins, nur meins
Ich allein kann mein Herz zum Singen bringen

Egal, welche Freundlichkeit du bringst
Mein Geist sucht nach einem anderen Zeichen
Flüstere, flüstere, ich flüstere

Manchmal ist eine Lektion herzzerreißend
Manchmal wirst du in eine Reihe gezogen
Ich allein kann mein Herz zum Singen bringen

Gefesselt von deinem goldenen Ring
In deiner Komfortzone lehnst du dich zurück
Flüster, flüster, ich flüstere

Meine Seele will auf goldenen Flügeln schweben
Dort oben wird die Welt mein sein
Ich allein kann mein Herz zum Singen bringen

Und doch verrate ich nichts

Denn das Unbekannte kann erhaben sein

Flüstern, flüstern, ich flüstere
Ich allein kann mein Herz zum Singen bringen.

SCARAMOUCHE

Sein Bild
   Ohne Substanz
   Ist eingerahmt
   von unnötigen Splittern
   aus seiner Seele.
   Fragmente
   Einst geblutet
   Mit einem Kampf
   Werden jetzt frei gegeben
   Reflektierend
   Selbstverachtung.

   CHOR
   Lass uns nicht
   Erlauben wir dem Wind
   Umweht ihn
   Lasst uns wiederaufbauen
   Wo die Realität
   Die Schleusen geöffnet hat
   Lasst uns ihn
   wieder ganz

Geben wir
ihm einen Sinn.

Scaramouche, ist enthüllt
Die Wahrheit kann nicht verborgen werden.

CHORUS
Lasst uns nicht
Erlauben wir dem Wind
Ihn umblasen
Lasst uns wiederaufbauen
Wo die Realität
Die Schleusen geöffnet hat
Lasst uns ihn
wieder ganz
Geben wir
ihm einen Sinn.

DEN WEG
HINUNTERGEHEN

Den Weg hinuntergehen
  Zum Taj Mahal
  Die Gesellschaft baute Bäume
  und bereitete sich auf den Herbst vor.

  Kapellen öffneten ihre Arme
  für die neue Welt im Gebet
  Früher suchten sie das Wort
  von einem zuverlässigen Wahrsager

  Dann sahen die Spiegel die Augen
  Die zu blind waren, um zu sehen
  Die Geburt und den Ursprung
  der Kreativität.

  Heute malt ein Maler einen Wasserfall
  Und niemand fragt ihn, warum
  Weil wir verstehen, dass es alles
  Für einen Geist im Himmel.

Es ist das neue Jahrtausend
Wo Übersetzungen frei sind
Wir teilen unser Leben online
und schaffen ein Gefühl der falschen Gemeinschaft.

Wir sind alle als Bürger geboren
Auf den Flügeln einer Taube
Die Antwort war schon immer unsere
In einem Wort: Sie heißt Liebe.

BARRIERE

Barriere trennt
  Atmende Wände
  Formaldehydausscheidungen
  Vergiftete Köpfe
  Mit Teilen und Stücken
  Retter
  Kaiser
  aller Brötchen
  Barriere trennend.

  Schmelze die Luft
  Mit Worten
  Der Ermutigung
  Pilzwolken
  Sind nicht für den menschlichen Verzehr
  Warum durchbrechen
  Wenn du
  BREAK DOWN?
  Reflexionen einer
  geplagten Prostituierten
  Lesen einer biblischen Passage

Über die verbleibenden Tage
Seines Lebens
Hurenbock
des Universums
Worte fliegen
Wie eine Fledermaus im Tal
des Todes
Flattert
Gefangen von einem
Missverständnis
Misrepresentation
Schmelze die Luft, schmelze.

Barriere
Trennen
Schmelze mit
Worten der Ermutigung
Trennen ein
Ein und dasselbe.

Ich treibe
Von einem Gedanken zum anderen
Es spielt keine Rolle
Keiner weiß es
Und die Zeit ist endlos
Und doch vergeht sie
Und nichts wird getan
Und Erinnerungen ketten mich nur
In dieser Vergeblichkeit
Noch mehr.

Jemand schreit

(oder bin ich es?)
Sag ihnen, sie sollen still sein
(warum schreie ich?)

Ein Vogel singt
An meinem Fenster
Ich konzentriere meine ganze Lebensenergie
Auf den Vogel
Und wenn er fliegt
Fliegt auch mein Geist
hinaus in das endlose Blau
das ich einst
für selbstverständlich hielt.

KLEINES
MISSVERSTÄNDNIS

Die Vorsicht in den Wind schlagen
  Der Jugendliche zog seine Waffe zurück
  Der Mann hinter dem Tresen zitterte
  Der Junge versprach, dass er niemandem etwas antun
würde.

  Das Kind flüchtete auf die Straße
  Wie eine einzelne Wolke am Himmel
  Er spürte nie den Schmerz der Niederlage
  Jetzt hörte er die Sirenen heulen

  Denn ein Polizist, der gerade seinen Dienst beendet hatte
  Schoss ihn in Notwehr nieder
  Er erstickte es im Keim, mutig
  Ein weiterer Tod im Meer der Gewalt

Sein Abzeichen leuchtete in der Sonne
Der Junge hatte keinen Puls mehr
Vorsichtig hob der Ritter die Waffe
Es war nur ein Kinderspielzeug.

MACBETH

Wenn du von deinem Berg herunterkommst
   Zu meinem Computer am Meer
   Eine Datenverarbeitung werde ich sein; Zahlen.

   Hör auf meine Tastatur
   Die Realität ausblenden
   Klickende, klackende Musik
   Kein Bedürfnis nach Identität

   Du hast deinen Chef gehasst
   Du hast den Moment ergriffen
   Hast eine Meuterei angezettelt
   Jetzt sitzt du
   Auf seinem Thron
   und schickst die GICs runter
   An Arme, die dafür bezahlt werden
   Um pünktlich zu schlagen
   Am Meer

   Du wirst auf die Jagd gehen
   Wofür

Ich weiß es nicht
Aber wenn du es findest
Weißt du, wo ich sein werde
Eine Datenverarbeitungsanlage
Am Meer.

VIELLEICHT

Vielleicht
  Die Sinfonie
  Spielt
  zu laut
  Tränen
  Bilden sich
  In meinen Augen
  Ich höre
  einen Chor singen
  In meinem Kopf
  gibt es Texte
  die gesungen werden
  Aber die Worte
  Sind noch nicht
  Geschrieben worden

  Vielleicht
  Meine Fantasie
  Spielt
  Streiche
  mir wieder einen Streich

Du spielst
ein Ständchen
Mir
Mit einer
Sinfonie
Es gibt keine Worte
Und doch
Die Worte
widerhallen
in meinem Kopf.

SIPHON

Ein Priester wird seinen Kragen hochziehen
  Um sich vor dem zu verstecken, was existiert
  Ein Rasiermesser wird in die Kälte schneiden
  Um blutende Handgelenke auszusaugen
  Ein Tiger wird sich auf das Herz stürzen
  Und reißt den Samariter in Stücke
  Niemand sagte etwas Gutes
  Niemand hat mir gesagt, dass du gut bist
  Aber du warst verdammt gut
  Dessen bin ich mir ganz sicher

  Jetzt fliegst du ins All
  Atmest gegen das Glas
  Frost lähmt dein Gesicht
  Gehirne amputieren die Vergangenheit
  Erzähle es der ganzen Welt
  Weil sie es wissen will
  Erzähl ihnen, wie du deine Seele verkauft hast
  Für Gift in einer Nadel.

UNBEANTWORTBAR KORRESPONDENZ

Ich schrieb dir
Weil die Sonne schien
In diesem verregneten Kopf
Immer wenn ich mich an dein Lächeln erinnerte.

Ich schrieb dir
Weil ich dich vermisst habe
Ich vermisste dein Lachen
Und vor allem deine sanfte Berührung.

Ich schrieb dir
Weil du mein Herz
in deiner Hand hältst
Und ich glaubte
Egal wie weit wir voneinander entfernt waren
Du würdest immer hier bei mir sein
Und ich bei dir.

Ich schrieb an dich
und bat dich um die ganze Ewigkeit
Aber sie war schon vorbei
Und die Briefe schmolzen, bevor ich sie abschicken
konnte

Ich habe dir nie geschrieben.

BUTTERFLIEGE

Monarchfalter
  Erhebt sich in die Luft
  Hält kurz inne
  Dann hebt ab, ohne a Pflege
  Seine Farben fließen frei
  wie Farbe auf eine Leinwand
  Seine Flügel umarmen den Himmel
  In lässiger Gelassenheit:
  Schönheit in Bewegung.

  Tanzend auf einer Blume
  Mit äußerster Zartheit
  Unbewusst zeigt sie
  Ihre Überlegenheit
  Flattert wie eine Ballerina
  Steigt sie zum Himmel empor
  Ich sehne mich danach, so frei zu sein wie
  Der Monarchfalter.

EVOLUTION

Schneeflocken flattern in die Traufrinne
   und flüstern den Reisenden Botschaften ins Ohr
   Immergrüne Kämme bürsten die Flocken weg
   Bedecken die Erde mit einer Schneedecke.

   Es war ein seichter Abend im späten Dezember
   Eine Zeit, an die ich mich lieber nicht erinnern möchte
   Als Engel auf diese Erde fielen
   Gesandt vom Meister, um unseren Wert zu bestimmen.

   Reinigende Bilder spiegelten sich im Pool
   Sie fütterten und kleideten jeden einzelnen Narren
   Wir tanzten, bis alle Sterne herunterkamen
   Und die Bäume eine goldene Krone bekamen.

   Die Zeit verging, und noch mehr Träume wurden
gesponnen
   Die Engel malten ein Lächeln auf jeden
   Bis alles funkelte und hell war
   Glühend mit der Kraft eines himmlischen Lichts.

Wir sangen laut, eine Gemeinde ein Lied

Und die Ungläubigen schlossen sich an, um uns stark zu machen

Als der Herr die Seelen sammelte, wurden einige nicht gerufen

Sie wurden in die Natur geboren, und eine neue Welt entstand.

DIE WELT IN 60 SEKUNDEN

(JE NACHDEM, WIE SCHNELL DU LIEST)

Fuß im Mund
  Zunge im Schuh
  Satellit
  Auch im Fernsehen
  Harry Potter
  Willkommen zurück Kotter
  Gefangen in einer Zeitschleife
  Wir können nirgendwo hin
  Ich sehe mir den Todeskampf an
  Schlag auf Schlag
  Aufzug-Muzak
  Drogenabhängige auf Crack bekifft
  Rolling Stones
  Kate Moss

Brian nageln
Am Kreuz
Züge kollidieren
Computer stürzen ab
Hi-tech
Star Trek
Wiederbelebung von Mund zu Mund
Völlige Diskriminierung
Judge Judy
Leben um zu arbeiten
Tutti Fruity
Arbeiten, um zu leben
Zu blind, um zu sehen
Muss sehen, um zu glauben
Klopfendes Christentum
Entblößte Jungfräulichkeit
Teletubbies, die Bescheid wissen
Die Seinfeld-Show betrauern
Blumen Blumen
Kensington Park
Jeanne d'Arc
Lippen, die brennen
Zähne, die grinsen
Geborene Kinder
Frei von Sünde
Ozonschicht
Drachentöter
T-Rex
Gleiches Geschlecht
Sex sells
Sprechen auf Zellen
Flatternde Flügel
Fliegende Lüfte
Wellen fangen

Mickey D's Pommes
Wal-mart
Von Herz zu Herz
Auf dem Mond laufen
Mit Fremden schlafen
Aus der Bratpfanne
Auch gelaufen
Tänzerin tanzt
Frei gekleidet
Keiner scheint es zu bemerken
Außer dem Kaiser und mir.

GOSPELAMER

Die Spinne kroch zum
   Den puderblauen Himmel
   Spinnt in einem wolkigen Netz
   Das Jahre brauchte, um sich zu fügen.

   Als sie ihr Ziel fast erreicht hatte
   Die alte und ergraute Spinne
   Ohne die Situation zu durchdenken
   Versucht, das Netz breiter zu machen.

   Und wirbelte viel zu sorglos
   Für jemanden in seinem goldenen Zeitalter
   Der Engel namens Unsterblichkeit
   Nimmt seine Seite zur Kenntnis.

   An das Gespinst war er gekettet
   Das Schicksal bedrohte sein Meisterwerk
   Dann regnete es wie durch ein Wunder

Und er schlüpfte in seine Freiheit.

Es regnete vierzig Tage und Nächte lang
Es schien, als gäbe es keine Spur oder Markierung
Nur eine alte und ergraute Spinne
die sich ihren Weg auf Noahs Arche bahnte

Danksagung

Liebe Leserinnen und Leser,

Danke, dass ihr diese Sammlung meiner Gedichte lest. Mein erstes Gedicht „Der Anfang" schrieb ich, als ich in der High School war. Die Poesie war schon immer meine erste Liebe.

Vielen Dank auch an meine Eltern, denen dieses Buch gewidmet ist, und an meine Großmutter, die selbst eine Dichterin war.

Danke an meine lieben Freunde, die meine wortreichen, nerdigen Bestrebungen unterstützt haben.

Und danke an alle, die mir bei der Zusammenstellung dieses neuen Buches geholfen haben. Ohne euch hätte ich es nicht geschafft!

Wie immer,
VIEL SPASS BEIM LESEN!
Cathy

Von Cathy

Die mehrfach preisgekrönte Autorin Cathy McGough lebt und schreibt in Ontario, Kanada, mit ihrem Mann, ihrem Sohn, ihren zwei Katzen und einem Hund.

Auch von:

FICTION
Jedermanns Kind
Ribbys Geheimnis
13 Kurze Geschichten (darunter: Der Regenschirm und der Wind; Margarets Offenbarung;
Dandelion Wein (READERS' FAVOURITE BOOK AWARD FINALIST))
Die Interviews mit legendären Schriftstellern aus dem Jenseits (2ND PLACE BEST LITERARY REFERENCE 2016 METAMORPH PUBLISHING)
NON-FICTION
103 Fundraising-Ideen für ehrenamtlich tätige Eltern mit Schulen und Teams (3. PLATZ BESTE REFERENZ 2016 METAMORPH PUBLISHING.)
+ Bücher für Kinder und junge Erwachsene